BEI GRIN MACHT SICH IHR
WISSEN BEZAHLT

- Wir veröffentlichen Ihre Hausarbeit,
  Bachelor- und Masterarbeit

- Ihr eigenes eBook und Buch -
  weltweit in allen wichtigen Shops

- Verdienen Sie an jedem Verkauf

Jetzt bei www.GRIN.com hochladen
und kostenlos publizieren

Robert Ziegler

Vergleichende Interpretation der Werke "Lösung" von Karin Kiwus und "Erster Verlust" von J. W. v. Goethe

GRIN Verlag

Bibliografische Information der Deutschen Nationalbibliothek:

Die Deutsche Bibliothek verzeichnet diese Publikation in der Deutschen National-
bibliografie; detaillierte bibliografische Daten sind im Internet über http://dnb.d-
nb.de/ abrufbar.

Impressum:

Copyright © 2010 GRIN Verlag GmbH
Druck und Bindung: Books on Demand GmbH, Norderstedt Germany
ISBN: 978-3-656-34224-3

Dieses Buch bei GRIN:

http://www.grin.com/de/e-book/207017/vergleichende-interpretation-der-werke-
loesung-von-karin-kiwus-und-erster

GRIN - Your knowledge has value

Der GRIN Verlag publiziert seit 1998 wissenschaftliche Arbeiten von Studenten, Hochschullehrern und anderen Akademikern als eBook und gedrucktes Buch. Die Verlagswebsite www.grin.com ist die ideale Plattform zur Veröffentlichung von Hausarbeiten, Abschlussarbeiten, wissenschaftlichen Aufsätzen, Dissertationen und Fachbüchern.

Besuchen Sie uns im Internet:

http://www.grin.com/

http://www.facebook.com/grincom

http://www.twitter.com/grin_com

Robert Ziegler

Vergleichende Interpretation der Werke "Lösung" von Karin Kiwus und "Erster Verlust" von J. W. v. Goethe

„[..] mein verlorenes Paradies" – sucht dies nicht jeder Mensch? So verschieden strukturiert es auch sei und von den verschiedensten Motiven geleitet – ein privatpersönliches Glück, Geborgenheit und Harmonie in der Liebe sind zentrale Themen, Wunschvorstellungen und ersehnte Bedürfnisse jeder Zeit. Dass diese These unwiderlegbar ist, vermag am besten ein Vergleich zweier lyrischer Texte zeigen, die diese Thematik auf unterschiedlicher Ebene und mit anderer Wirkungsabsicht zum Ausdruck bringen. So soll der folgende, gegenüberstellende Vergleich die These verifizieren, dass Sehnsucht nach Glück und Harmonie schon immer des Menschen Antrieb waren. Den Anhaltspunkt für diesen Beweis können dabei Goethes „Erster Verlust" und „Lösung" von Karin Kiwus darstellen – sind modernes und historisches Menschenbild denn so verschieden?

In neun Versen, die in unterschiedlicher Anzahl auf drei Strophen verteilt sind, vermag Goethe, der größte deutsche Dichter, mit seinem Werk „Erster Verlust" die unglaublich wichtige Rolle der allerersten Liebe für den Menschen zum Ausdruck zu bringen. Sehr klar kommt dabei durch die Ausrufe bereits in der ersten Strophe zum Ausdruck, wie sehr das lyrische Ich sich die Stunden der allerersten Liebe zurückwünscht und verzweifelt sucht, wer diese Erinnerung denn wieder lebhaft werden lassen könne. Der Schmerz des Handlungsträgers kommt dabei in der zweiten Strophe noch gesondert betont herüber: Von schmerzlicher Einsamkeit ist die Rede, die die immer wiederkehrende Trauer ob des verspielten und verlorenen Glücks nicht bewältigen kann. Eine gewisse Rahmenfunktion nimmt folglich die dritte und kürzeste Strophe ein, die mit einem zur ersten Strophe vergleichbaren Ausdruck einhergeht und durch den Ruf nach Wiederkehr der ersten Liebeserfahrungen die Hauptaussage dieses lyrischen Werkes komprimiert darlegt. Dieser Schrei nach unbedingt ersehnter Wiederkehr der ersten Liebe vermag dieses Liebesgedicht mit schmerzlich-klagendem Gestus auch formal Ausdruck zu verleihen. Das Leitmotiv des Autors stellt sich in dem Begriff der Zerrissenheit dar. Genauso zerrissen und etwas unstrukturiert ist auch der Aufbau, was nicht nur am bereits geschilderten unterschiedlichen Strophenlängen liegt. Durch viele Enjambements, die durchweg zum Hakenstil führen, wird auch klar, dass das lyrische Ich faktisch in einem großen, emotional betonten und sehr starken Gedankenfluss ist und diesem so schnell wie möglich den nötigen Ausdruck verleihen will. Unterstrichen wird diese Aussage ferner dadurch, dass kein klares Reimschema erkennbar ist und das Schema somit „abcd-cad-ad" entspricht. Unklar und von seinen Gefühlen stark geleitet und beeinflusst – so erscheint der lyrische Handlungsträger hier. Demnach ist auch der Rhythmus des Gedichts diesen Einflüssen unterworfen und kann zwar im

Wesentlichen als Trochäus bezeichnet werden, was prinzipiell mit einem regelmäßigen Herzschlag verglichen werden kann. Dennoch: In der zweiten Zeile der ersten Strophe wird dieses Einheitsbild des Trochäus unterbrochen und ein kleiner Sprung wird für den geneigten Leser erkennbar – zum Ausdruck eines rhythmischen Individualismus. Die überwiegende Endsilbenlage bzw. –betonung (Kadenz) ist klingender (weiblicher) Art: Doppelt so viele weibliche wie männliche Kadenzen finden ihren Platz zur Strophengestaltung. So kann die hier zur Verwendung kommende dichterische Form ausschließlich zur Stützung der Gesamtaussage verhelfen. Durch den beschriebenen, auf verschiedenste Art und Weise individuell gestalteten Rhythmus wird klar, dass die Hauptaussage sehr emotionaler Art ist und dass der angesprochene „erste Verlust" der für den Menschen so unglaublich wichtigen ersten Liebe mit starken Gefühlsschwankungen, menschlicher Subjektivität und starken Emotionen einhergeht. Auch sprachlich wird die bereits dargelegte Zerrissenheit und die schwankende Emotionalität aussagekräftig zum Ausdruck gebracht: Durch drei rhetorische Fragen (Z. 1, 3, 8) und den häufigen Gebrauch der Interjektion „Ach" in diesem Zusammenhang wird den Emotionen und der Sehnsucht Stimme verliehen. Bildliche Vergleiche (Metaphern) sorgen zudem für Anschaulichkeit, wenn etwa davon gesprochen wird, dass das lyrische Subjekt einsam seine Wunde nähren müsse (paraphrasiert, Z. 5). Sehnsucht wird auch durch Genügsamkeit Stimme verliehen: Fordert das lyrische Ich noch zu Beginn, wieder in den Tagend er ersten Liebe verweilen zu dürfen (Z. 1,2), so genügt vor lauter Sehnsucht in Zeile 3 sogar schon „nur eine Stunde", um wenigstens einen kleinen Eindruck dieser Liebelei wiedergewinnen zu können. Durch die ebenfalls bereits angedeutete Wiederholung einiger Sinngehalte von Strophe 1 in Strophe 3 wird Sehnsucht ebenfalls anschaulich, nachhaltig und langandauernd zu Papier gebracht – ein Schmerz, der nicht so leicht zu stillen ist. Dies verifiziert sich auch, wenn man die Illustration dazu in Zeile 6 betrachtet, wo von „stets erneuter Klage" die Rede ist. Sprachlich wie formal wird dem Thema in diesem Gedicht durch Abstrahierungen, Vergleiche, Wiederholungen und einen besonderen Rhythmusauf spezielle Art und Weise Ausdruck verliehen – die Autorenintention ist klar sichtbar. Darauf weist im Übrigen auch der Titel „Erster Verlust" hin, der die Thematik darlegt, ohne zu viel zu verraten. Erste Konnotationen des Lesers beim Erblicken des Titels können, ohne den Restgehalt des Gedichts zu kennen, nicht verraten, wie der Autor diesen ersten Verlust verarbeitet, da die hier stattfindende emotional schwierige Verarbeitung nur ein möglicher Ausweg ist. Und doch ist der Titel konform zum Gesamtwerk und eine Untermalung der Gesamtkomposition: Durch das Attribut „erster" wird der Verlust insofern betont, als dass dem Leser auch klar wird, weshalb der beschriebene Verlust mit einer emotional so schweigen Abwicklung einhergeht.

Die Anteilnahme des lyrischen Ichs zur Schaffung von noch klareren Verhältnissen und einer sehr hohen Möglichkeit der Identifikation lässt auch Schlüsse zu Goethes eigenem Leben zu: Er selbst hatte viele Frauen und dort, wo er hinkam, wohin ihn der Weg des Lebens trug, liebte er und wurde geliebt. Und doch betont er nach wie vor die erste Liebe – dies ist nicht zuletzt seiner ersten Entwicklungsphase, vom Sturm und Drang geprägt, geschuldet. Dieser Epoche ist das vorliegende Werk auch zuzuordnen – es geht weniger um die Rolle des Verstandes als um die Bedeutung des Herzens: Der Mensch soll nicht nur alles rationell begründen und erfahren, wie es die Aufklärer verkündeten, sondern sich seiner Seele und seinem Herzen bewusst werden. Und dieser Intention zu fronen ist Goethe mit diesem kurzen und prägnanten, aber ausdrucksstarken Werk gelungen.

In eine andere Zeit verschlägt es den Leser nun bei der Betrachtung von Karin Kiwus modernem Gedicht mit dem Titel „Lösung". Nur unwesentlich länger als Goethes Werk kommt in drei Strophen mit fünf bzw. drei Versen eine ebenfalls mit der Liebe verknüpfte Thematik zum Vorschein: Je nach Interpretation und Sichtweise kann diese ebenfalls als Nachwirkung der ersten Liebe angesehen werden, da etwa in der ersten Strophe von einem „verlorenen Paradies" gesprochen wird, das der lyrische Handlungsträger mutmaßlich vergebens bei seiner angebeteten Person gesucht hat, an der unerfüllten, enttäuschenden Erfahrung heraus jedoch damit nun aufgehört hat – schmerzliche Realität nötigt zur Aufgabe der Suche nach dem Glück im Paradies auf Erden. Eine sehr kurze zweite Strophe kann diese Erfahrung noch konkretisieren und zeigen, dass sich der lyrische Handlungsträger befriedigter fühlt, wenn er es „besser allein" (Z. 7) und für sich sucht, um zu einem eigenen, inneren Ausgleich zu kommen und sein vergebenes, auf seinen Partner ausgerichtetes Hoffen nicht noch weiter unerfüllt sehen zu müssen – dies hat etwas Introvertiertes und Biederes. Klarheit kann dann wieder in der letzten Strophe zumindest etwas geschaffen werden: Um leben zu können und überhaupt <u>zusammen</u> leben zu können, wird die Paradiessuche aufgegeben und muss schmerzlich-realistischer Wahrheit weichen: Das lyrische Ich wollte doch „einfach nur leben" (Z. 11) in trauter Zweisamkeit – „so gut | es geht" (Z. 12, 13). Durch diesen letzten Nachtrag wird ein Zugeständnis deutlich, das die soeben aufgestellte These vom abgegebenen Glück bzw. von der eigenstellten Suche nach dem Paradies auf Erden unterstreicht und nachweist. Doch was will uns die Autorin damit sagen? Geht es um religiöse Ausprägungen, Ideen vom Weltfrieden, die ein Paradies auf Erden erreichen sollen? Nein. Wie eingangs

geschildert, soll schlichtweg ein privat-persönliches Glück dazu führen, dass ein
kleines, eigenes Paradies geschaffen werden kann – eine Nische zum Leben, zum
Entfalten und Entwickeln. Meiner Meinung nach kommen hier auch Gedanken wie die
„erste Liebe" mit zum Tragen, die noch bunter, schöner, voller Hoffnung und Illusion
ist – und somit kein Vergleich mit allem, was sich danach anschließt. Sie ist und
bleibt unwiederbringlich. Träume, die einst von süßer Liebe sprachen und dem
verliebten lyrischen Ich eine Illusion vom Paradies nahe brachten, sind ausgeträumt,
weil sie sich nicht bewahrheiten konnten und harter, schrecklicher Realität weichen
mussten. Aus der Enttäuschung heraus und aus Angst, es könnten noch mehr
schmerzliche Erfahrungen den Weg kreuzen, wird sich der Handlungsträger
abkapseln. Nüchtern kommt zum Ausdruck, was eine Liebe in der Realität eventuell
nur leistet, welche Enttäuschungen und Einbußen gemacht werden und dass es doch
eventuell nur darum geht, einfach nur zu leben (paraphrasiert, Z. 11). Eine Liebe in
der Wirklichkeit muss dabei oftmals mit weniger träumerischen Zuständen,
Nüchternheit, Verlust und Genugtuung mit einfachen Realitäten auskommen – das
klingt, zugegebenermaßen, nicht mehr so paradiesisch, entspricht aber der Realität
und kann der Vorstellung vom Paradies auf Erden nur geringfügig fronen. Es mag
wohl gerade diese Enttäuschung gewesen sein, die zu der angesprochenen
inhaltlichen Abwicklung führt. Dies wird auch formal und sprachlich deutlich. Die
freien Rhythmen werden der inneren Zerrissenheit des lyrischen Ichs dabei sehr
gerecht und unterstreichen die Autorenaussage dabei. Ebenfalls der durch Versmaß
und Zeilenwechsel bestimmte Rhythmus bringt dies zum Ausdruck: Ein guter Vortrag
des Gedichts würde gemäß der stilistischen Anlage akzentuierte Pausen setzen und
der Gedichtaussage somit entgegenkommen. Denn hier stehen das Verharren in den
Gedanken, ein gewisses Stück Selbstfindung und Rückbesinnen aber auch die
nüchterne Realitätsbetrachtung im Mittelpunkt. Die Enjambements, die zum
Hakenstil führen, werden der Gedichtaussage somit gerecht. Durch eben diesen
werden Schlüsselbegriffe optisch extrahiert und stehen separiert gut erkennbar und
bedeutungsvoll, etwa „Im Traum" (Z. 1), „mein verlorenes Paradies" (Z. 4), „In
Wirklichkeit" (Z. 9) oder „einfach nur leben" (Z. 11). Optisch fällt dabei auf, dass die
Zeilen mit syntaktisch wichtigen Wörtern länger sind als die anderen. Obgleich die
angesprochene formale Bildung und die damit verbundene Phonetik eine gewisse
Zerrissenheit zum Ausdruck bringen, ist zu bemerken, dass jede Strophe aus einer
grammatischen Satzeinheit besteht – somit gibt es keine Strophenenjambements.
Eventuell wirkt dies als kleiner Gegenpol zur Zerrissenheit - der Verstand bleibt
erhalten durch die Realitätsbetrachtung und –erfahrung, die auf den Boden der

Tatsachen zurückholt. Unter den drei Hypotaxen werden durch die Freistellung von Satzteilen auch direkte Kontraste erkennbar- etwa zwischen den Schlüsselzeilen „mein verlorenes Paradies" (Z. 4) und „einfach nur leben" (Z. 11). Ein weiterer Kontrast findet sich durch die Betrachtung der Zeilen 7 und 12f, wo klar abgegrenzt wird, zu welchen Zeiten und Bedingungen ein Leben in Einsam- oder Zweisamkeit Vorzüge bringt. Darüber hinaus enthält jede Strophe auch eine aus zwei Wörtern bestehende Selbstreferenz, wenn Formen des Personalpronomens „ich" in Verbindung mit Präpositionen in den Zeilen erscheinen – z.B. in den Zeilen 3 („suche ich"), 8 („für mich") und 10 („will ich"). Somit wird klar betont, dass es wirklich um das privatpersönliche Glück in diesem Liebes- bzw. Erlebnisgedicht geht. Die besondere Konstruktion des ersten Satzes, der die erste Zeile ausmacht, lässt sich in der Gesamtkomposition auch als Paradoxon, etwas Unerwartetes, verstehen. Ähnlich der Inversion bei Goethe in Zeile 5 führt auch dieser Satzbau erst bei näherer Betrachtung zu dem Schluss, dass der lyrische Handlungsträger von einer gewissen Hoffnungslosigkeit geplagt wird. Dies stellt hier die klare Entscheidungsfindung des Ichs in Frage und zeigt auf, dass die getroffene Entscheidung, das Paradies nur noch bei und für sich selbst suchen zu wollen, nicht unbedingt mit aller Härte, Kontinuität und Entschlossenheit gefällt wurde. Ein kleines, darauf hinweisendes Zeichen ist auch der Fakt, dass die zweite Strophe als einzige nicht mit einem Großbuchstaben anfängt. Dies stellt als einziges Merkmal die Satzbildung in Frage, ist dies doch gerade die Strophe, in der das Paradies durch Zweisamkeit ausgeschlossen wird. Den Rahmen, den die erste und die dritte Strophe dabei bilden, sieht man noch durch den größten Kontrast verdeutlicht, der durch die beiden Strophenanfänge entsteht: Ist in der ersten Strophe noch von der Vorstellung „Im Traum" (Z. 1) die Rede, so geht es in Zeile 9 um die Realität „In Wirklichkeit". Auch die Rolle des Partners wird durch das lyrische Du in den beiden Rahmenstrophen angegeben, da es bei der Traumbetrachtung in der ersten Strophe etwa noch darum geht, dass ein Paradies nicht mehr beim Partner gesucht werden kann, da man doch in Wirklichkeit (dritte Strophe) lediglich mit dem Partner leben wolle – so gut es möglich ist.

Obgleich es sich syntaktisch um drei vollständige Sätze handelt, hat die Autorin bewusst keine Satzzeichen verwandt und verzichtet auf Interpunktion generell. Fehlende Satzzeichen unterstützen die Hauptaussage des Gedichts insofern, als dass weder ein Schlussstrich, noch ein Schlusspunkt gesetzt werden muss: Nichts ist vorbei, die Beziehung ist nicht zu Ende, aber auch die Entscheidung, das zweisame Paradies aufzugeben, ist noch nicht gänzlich final. Zwischen den Zeilen kann man durchaus davon ausgehen, dass die Autorin bzw. das lyrische Ich die Hoffnung nicht aufgegeben hat. Hoffnung besteht immer – diese kommt allein schon in dem Beschluss zum Ausdruck, zwar zunächst (nach außen) die Hoffnung auf ein zweisames Paradies aufzugeben, aber gleichzeitig den Partner nicht verlassen zu wollen, sondern an dem Plan des Zusammenlebens festhalten zu wollen – so gut es eben geht (dritte Strophe). Nichts ist also verloren und auch nichts final entschlossen – Humanität, Spontanität und Empfindung kommen nicht zu kurz.

Gewählte Sprache und Form stehen also in Gänze konform zur eigentlichen Gedichtaussage und Wirkungsintention. Und auch die Gedichtaussage selbst ist für mich Ausdruck eines verständlichen und gut nachvollziehbaren Standpunktes. Auch dann, wenn man mit (großen) Erwartungen in die erste Liebe geht, muss man damit rechnen, dass diese nicht in Gänze erfüllt werden. Trotz Liebe bleibt das Leben ein Leben – und kein Paradies. Das ändert jedoch nichts daran, dass es sich lohnt, für ein Paradies zu kämpfen, auf es zu warten und eines herbeizusehnen: Dies sensibilisiert für alles Schöne, Gute und Reine und formt den Charakter. Und mit jedem Schritt, den man tut, um ein Paradies herbeizusehnen, wird man sich und seiner Beziehung guttun und ein besserer Mensch werden – unabhängig davon, dass man es nicht herbeiführen können wird – hier ist doch eher der Weg das Ziel, für das es sich lohnt zu kämpfen und einzutreten. Auf diese Weise kann sich privatpersönliches Glück übrigens auch als ein Welt- und Menschheitsglück entfalten – wenn jeder nur solchen Maßstäben front. Hinter der durch Karin Kiwus vermittelten Aussage steckt also eine höhere Wirklichkeit. Auch der Titel „Lösung" verweist auf die Wirkung der getroffenen Entscheidung bezüglich des Glücks – eine Lösung des inneren, gleißenden und schreienden Konflikts ist hier zunächst nur Transformierung auf Glück in der Einsamkeit – und diese in der Zweisamkeit zu suchen ist manchmal leichter als man glaubt.

Karin Kiwus Gedicht „Lösung" lässt sich, aus der Gesamtbetrachtung heraus, als ein „modernes Gedicht" bezeichnen. Dies lässt sich auf den ersten Blick an Rhythmus und weiteren Merkmalen ganz klar herauskristallisieren: Während man bei Goethe einen Ansatz für ein Reimschema findet, sind in „Lösung" nur freie Rhythmen erkennbar, weshalb es auch kein klar definiertes Metrum gibt. Dies ist in Goethes Werk jedoch sehr klar geschildert und kommt zum Tragen. Ferner sind die sprachlich-stilistischen Mittel, die Karin Kiwus verwendet, im Charakter eher „unklassisch". Dies äußert sich darin, dass nicht wie bei Goethe Metaphern und Allegorien („holde Zeit", Z. 4), Wiederholungen und scharf eingehaltene formale Merkmale Anwendung finden: Karin Kiwus Gedicht besteht aus gebräuchlichen, grammatisch vollständigen und durchaus alltagspraktischen Sätzen. Die eigentliche

Besonderheit und Intention wird nur dadurch ersichtlich, dass die Sätze durch gezielte Enjambements zu Betonungen, Vergleichen, Kontrasten und sprachlichen Bildern führen können. Der Optik wird hier eine besondere Bedeutung beigemessen, da sie den Inhalt mehr stützt als Goethes Werk dies tut. Die Anordnung der Sätze ist hier bedeutend wichtiger und stützt die Gedichtaussage in erheblichem Maße.

Während Goethes Sätze und Ausdrücke nicht in der Alltagssprache Anwendung finden würden, da sie durch das gezielte „Ach" nahezu an eine Hymne oder einen Gesang erinnern, könnten die Sätze von Karin Kiwus, im üblichen Textfluss hintereinander geschrieben auch ihre starke poetische Bedeutung und den Gedichtcharakter verlieren. Dies unterstreicht nochmals die These, dass hier, typisch für ein modernes Gedicht, die Anordnung der Sätze extrem wichtig ist.

Losgelöst von Goethes hier vorliegendem Werk würde auch der erweiterte Vergleich von „Lösung" mit anderen klassischen lyrischen Werken starke Unterschiede zum Vorschein kommen lassen. Ist in klassischen Gedichten oft die Rede von Göttern, historischen Anspielungen, bildhaften Stützen, Vergleichen mit der Natur (vor Allem im Sturm und Drang bzw. in der Romantik) oder mit der Tierwelt, über die so durch Abstrahierungen zu einer höheren Wahrheit gefunden werden soll, findet sich eben diese „höhere Wahrheit" in Alltagssprache und in Wortwahl wieder, die keines außergewöhnlich großen oder originellen Wortschatzes bedarf, um verstanden zu werden. Dennoch bedarf es eines gewissen Intellekts, um eben diese höhere Wahrheit zu verstehen: Der Blick muss hier wirklich für die Aussage zwischen den Zeilen geschärft werden – nur so lässt sich zu den richtigen Schlüssen durchdringen, die die eigentliche Autorenaussage aufdecken und dem geneigten Leser auch eine Möglichkeit geben, diese kritisch zu hinterfragen.

Eine gewisse Melancholie wird durch die unzähligen Möglichkeiten des betonten Vortrags des Gedichts von Karin Kiwus möglich: Die Aussage kann somit noch verfeinert, abstrahiert, auf eigene Erfahrung und Schicksal betont und letztendlich auch variiert werden. Diese Freiheit genießt man bei der Rezitation des von klassischen Lyrikelementen geprägten Gedichts Goethes nicht – durch Rhythmus und Metrum sind viele Elemente in ihrer Ausdrucksweise prädestiniert. So ist das moderne Gedicht von Karin Kiwus in gewisser Hinsicht auch Spiegel seiner Zeit, da wir spätestens seit dem 20. Jahrhundert unserer Persönlichkeit mehr Ausdruck verleihen und dazu vor allem auch bereit sind – gipfelnder Individualismus wird also ganz klar in der Anlage des Gedichts betont – mehr Freiheit für den Leser und Interpretierenden für Deutungen, Wertungen und Meinungen. Und dennoch: Auch für den Lyriker bzw. die Lyrikerin selbst ergibt sich mehr Freiraum: Wozu an strengen

Aufbau, Konventionen, Versmaß und stilistische Mittel gekettet sein – den Gedanken

freien Ausdruck zu verleihen ist auch auf andere Art und Weise möglich – und dies

zeigt Karin Kiwus hier sehr gut durch das vorliegende Beispiel, das nahezu ein

Mustervertreter für die neuzeitliche Befreiung und Emanzipation der Lyrik ist: Ein

Bote der Neuzeit.

Das einzige Element des Gedichts, das sich nicht als typisch neuzeitlich identifizieren

lässt, ist die Thematik. Liebe, Liebeserfahrung, Liebesenttäuschung – all das zieht

sich durch alle Epochen der Menschheit und wird zu Recht als eigentlicher Lebenssinn

angesehen. Ausdruck in der Lyrik einer jeden Zeit ist dieses Thema somit auch – und

dafür gibt es viele passende und illustrierende Beispiele aus jeder Zeit. Ob man

Tagelieder des Barock betrachtet, Goethes Hymne Ganymed aus der Zeit des Sturm

und Drang oder auch seinen „Werther", Novalis' Dichtungen aus der Romantik oder

auch Mörickes Biedermeierdichtung „Er ist's": Es finden sich viele ähnliche

Sinnrichtungen und Stile in allen Epochen – die Thematik an sich ist nicht

grundlegend neu, aber nach wie vor aktuell. Als neu kann nur die jeweilig erfolgende

Betrachtungsweise angesehen werden. Die Tatsache, dass solche Themen und

Problemstellungen, Gefühle und Stimmungen schon immer Gegenstand menschlicher

Dichtung waren und dies auch immer sein werden, ist durchaus ausschließlich positiv

zu sehen. Und selbstverständlich ist das umfassende Thema „Liebe und Empfindung"

ein sehr stark individuell geprägtes, das in die zeitliche und lyrische Strömung des

Individualismus sehr gut passt. Ein solches Thema in freien Rhythmen und gelöst

von sämtlichen konventionellen „Dichtungsbräuchen" zum Ausdruck zu bringen,

schafft noch einen höheren Identifizierungsgrad. Gerade so kann nicht nur ein hoher

Grad an Persönlichkeit geschaffen werden, sondern auch eine relativ große und

interessierte Audienz. Dies kommt zustande, wenn man sieht, dass relativ klare und

eigentlich unmissverständliche Worte im Hintergrund doch auf eine höhere

Bedeutung verweisen. Dieser Hang zum Mysteriösen und die damit verbundene

Interesse, die geweckt wird, führt im Großen und Ganzen zu einer breiteren

Interessenssphäre als man sie bei klassischen Gedichten (wie aus der Zeit des Sturm

und Drang) finden wird. Denn in modernen Gedichten wird viel mit Chiffren

gearbeitet – der eigentliche Sinn liegt in einer einfach und alltäglich aussehenden

Verpackung versteckt. Gerade das macht ein modernes Gedicht wie „Lösung" so

interessant, während die eigentliche und affektive Stilrichtung schneller und

offensichtlicher zum Ausdruck kommt. Sicher also etwas für Kenner und Liebhaber

Goethes und der Stilepoche – aus reiner Interesse jedoch wird das moderne Gedicht

insgesamt anziehender wirken.

Liebe und Liebeserfahrung – Themen also, die die Welt bewegen, bewegt haben und auch immer bewegen werden. Und es mögen in naher oder ferner Zukunft noch weitere Stilepochen auf die Menschheit zukommen – geschuldet verschiedenen historischen Umständen. Doch Themen wie Liebe werden dabei immer eine entscheidende Rolle spielen. Der Stil zu schreiben mag variieren, die Liebeserfahrung ganz unterschiedlich sein und die Hintergründe einer Beziehung – Heimlichkeit, Zwang, Leidenschaft – ebenfalls differieren. Doch nie wird es Literatur ohne Liebe geben – und das ist auch uneingeschränkt positiv zu werten.

Und wie sieht es aus mit der ersten Liebe? Ist ihr wirklich eine so hohe Bedeutung beizumessen, wie hier von zwei Dichtern unterschiedlicher Zeit geschildert wurde? Ja – eindeutig. Denn sie hilft dabei, den Menschen zu formen, ihn zu sensibilisieren und auch für seine Umwelt auf ganz neue Art und Weise verträglich zu machen. Und nicht nur die Literatur wird sich dieses Themas immer wieder gerne annehmen – auch weitere Kunstrichtungen werden sich der Liebe bedienen. Beachtlich, in wie vielen Dimension der Mensch ohne sie etwas verpassen würde!